MONASTERIUM URBS EPISCOPALIS POTENTISSIMA ET AMPLISSIMA
MUNSTER

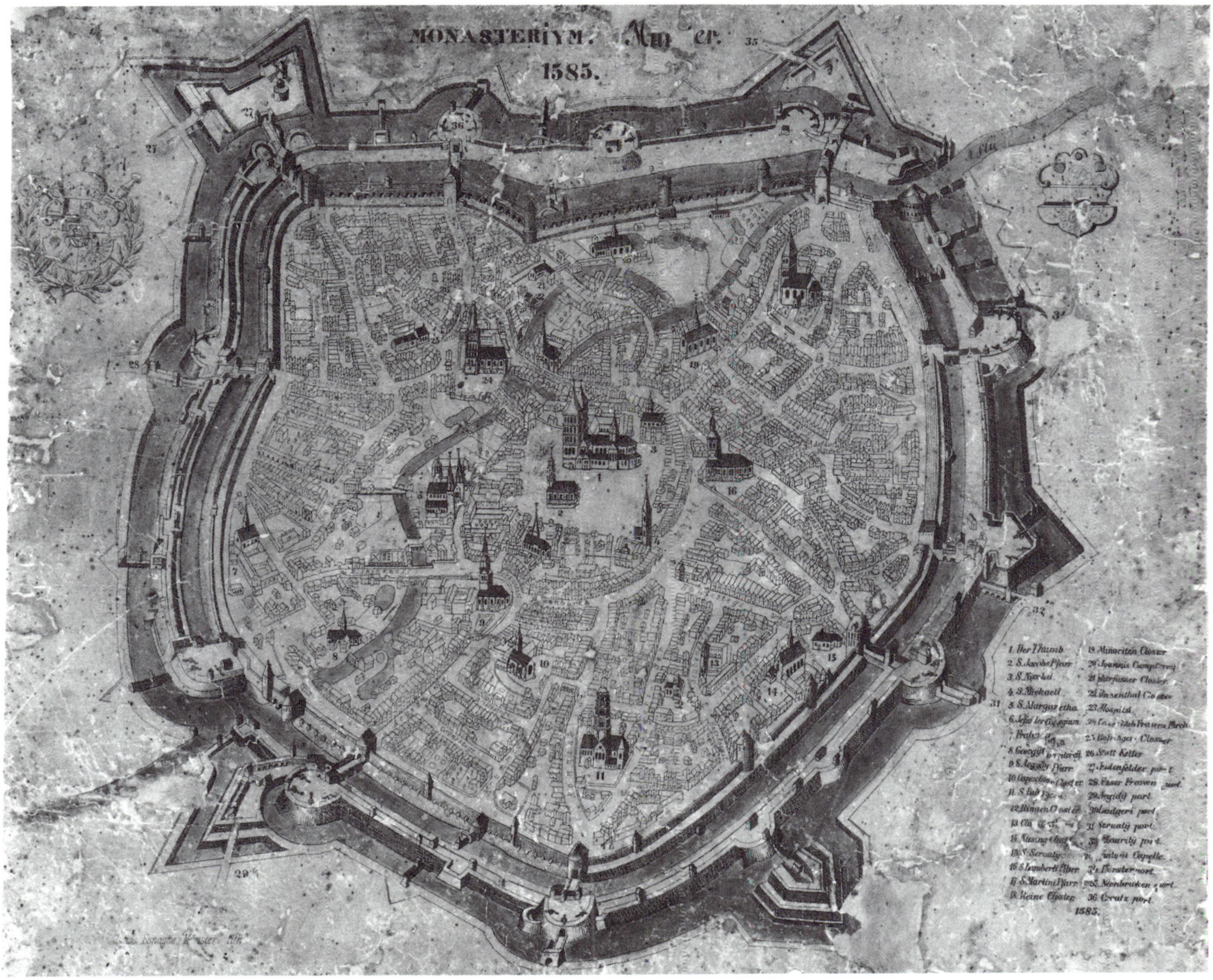
MONASTERIVM. 1585.
1. Der Thumb
2. S. Jacobi Pfarr
19. Minoriten Closter
23. Hospital
26. Statt Keller
29. Aegidij port
31. Seruatij port
36. Creutz port
1585.

Géza Jászai

# DOM UND DOMKAMMER IN MÜNSTER

Aufnahmen von Rudolf Wakonigg

Karl Robert Langewiesche Nachfolger
Hans Köster Königstein im Taunus

# Dompropst Wilhelm Gertz gewidmet

*Domkammer, 1980/81 (Architekt: Bernhard Dirksmeier)*

*Literaturhinweise:* A. Tibus, Der letzte Dombau zu Münster, Münster 1883; A. Savels, Der Dom zu Münster in Westfalen, Münster 1904; K. Wilhelm-Kästner, Der Dom zu Münster in Westfalen, Berlin 1921; M. Wackernagel, Münster, Berlin 1931, S. 12–37; B. Thomas, Die westfälischen Figurenportale in Münster, Paderborn und Minden: Zs. Westfalen 19, 1934, S. 1–95; W. Burmeister–W. Hege, Die westfälischen Dome, Berlin 1936; Th. Wieschebrink, Der Dom des heiligen Ludgerus in Münster: Zs. Westfalen 21, 1936, S. 195–199; M. Geisberg, Der Dom: Bau- und Kunstdenkmäler von Westfalen, 41. Band, 5. Teil, Münster 1937; M. Wackernagel, Die westfälischen Dome, Berlin 1940; K. Wilhelm-Kästner, Der westfälische Lebensraum in der Baukunst des Mittelalters, Münster 1942; A. Schröer, Der Hohe Dom zu Münster, Münster 1947; Th. Rensing, Die Ermordung Engelberts des Heiligen und die Ehrenrettung für Dietrich von Isenburg: Zs. Westfalen 33, 1955, S. 125–143; K. Noehles, Die Statuen der Evangelisten in der Ostvierung des Domes zu Münster: Zs. Westfalen 34, 1956, S. 52–66; C. Echelmeyer, Gottes Dom und Gottes Volk – Festschrift zur Wiedererrichtung des Hohen Domes zu Münster, Münster 1956; J. Prinz, Das Westwerk des Domes zu Münster – Eine geschichtliche Untersuchung: Zs. Westfalen 34, 1956, S. 1–51; A. Schröer, Der Erpho-Dom zu Münster – seine Geschichte und sein angeblicher Vorgänger: Zs. Westfalen 36, 1958, S. 3–24; Th. Rensing, Monumenta memoriae: Zs. Westfalen 36, 1958, S. 60–90; P. Pieper, Die silbernen Apostel im Domschatz zu Münster: Festschrift Martin Wackernagel zum 75. Geburtstag, Köln/Graz 1958, S. 53–74; Th. Wieschebrink, Das Johannesportal am Dom zu Münster: Zs. Westfalen 37, 1959, S. 154–159; H. Grundmann, Der Hl. Theodor oder Gottfried von Cappenberg im Domparadies zu Münster: Zs. Westfalen 37, 1959, S. 160–173; Th. Wieschebrink, Der Palast des Bischofs von Münster im Mittelalter: Zs. Westfalen 38, 1960, S. 137–143; A. Henze, Der Dom zu Münster, Recklinghausen 1960; J. Prinz, Mimigernaford – Münster, Münster 1960, S. 101–170; W. Hager, Münster in Westfalen, München/Berlin 1961, S. 18–25; F. Badenheuer–H. Thümmler, Romanik in Westfalen, Recklinghausen 1964; P. Pieper, Der Dom zu Münster, mit Bildern von Wilhelm Rösch, Münster 1965; A. Schröer (Hg.), Monasterium – Festschrift zum siebenhundertjährigen Weihegedächtnis des Paulus-Domes zu Münster, Münster 1966; F. Mühlen, Der Dom zu Münster und seine Stellung in der mittelalterlichen Architektur: Festschrift Monasterium, Münster 1966, S. 55–118; K. Hauck, Zu geschichtlichen Werken Münsterscher Bischöfe: Festschrift Monasterium, Münster 1966, S. 337–426; R. Budde, Der Skulpturenschmuck des 13. Jahrhunderts im Dom zu Münster, Köln 1968; Th. Wieschebrink, Die astronomische Uhr im Dom zu Münster, Münster 1968; D. Kluge–W. Hansmann, Westfalen (Handbuch der Deutschen Kunstdenkmäler), München/Berlin 1969, S. 351–371; R. Budde, Die Statuen der Evangelisten Markus und Lukas in der Vierung des Domes zu Münster und ihre stilistische Nachfolge: Wallraf–Richartz-Jahrbuch, Bd. XXXII, Köln 1970, S. 67–98; W. Sauerländer, Die kunstgeschichtliche Stellung der Figurenportale des 13. Jahrhunderts in Westfalen: Zs. Westfalen 49, 1971, S. 1–76; H. Maué, Rheinisch-staufische Bauformen und Bauornamentik in der Architektur Westfalens, Münster 1974; G. Jászai, Librum solvit Leo et Agnus – Zum Skulpturenprogramm des Sankt-Paulus-Domes in Münster: Zs. Das Münster, 1977, H. 4.1, S. 53–55; N. Humburg, Der Reliquienaltar und der Reliquienschatz des Domes zu Münster: Museum und Kulturgeschichte – Festschrift für Wilhelm Hansen, Münster 1978, S. 281–288; P. Pieper, Der Domschatz zu Münster, Münster 1981.

*Das Innere des Domes, um 1880*

Die Aufnahmen für S. 4 oben rechts, 5, 7 unten rechts, 14, 15 oben links und rechts, 16 unten rechts stellte das Westfälische Amt für Denkmalpflege in Münster zur Verfügung.


D-6240 Königstein im Taunus, Postfach 1327. Printed in Germany.
ISBN 3-7845-4850-4.

*Der Dom und Domplatz von Westen, Gemälde von H. P. Schouten, um 1800 (Westfälisches Landesmuseum für Kunst und Kulturgeschichte, Münster).*

## Zur Gründung und Vorgeschichte des heutigen Domes

Die Gründung des Bistums Münster – im Auftrage Kaiser Karls d. Gr. – steht ganz im Zeichen der karolingischen Missionspolitik, der Christianisierung des heidnischen Sachsenlandes. Die erste Missionsreise Liudgers im Jahre 792 markiert die Anfänge der Münsterschen Bistumsgründung; die Bischofsweihe Liudgers, des ersten Bischofs von Münster, am 30. März 805 ist bereits der Anlaß, die vollbrachte Gründungsarbeit zu feiern. Der Name der Stadt *Münster,* der aus dem lateinischen Wort *monasterium* stammt, erinnert noch heute an die klösterlichen Anfänge des Bistums und seiner Mutterkirche: Bischof Liudger hatte hier einen Konvent nach der Regel des heiligen Bischofs Chrodegang von Metz errichtet, welche die Regel des heiligen Benedikt von Nursia für die Weltgeistlichen als grundlegende Lebensregel vorschrieb. Ihre Stiftskirche war der erste Dombau. Der erste Dom und sein Domkloster standen schon nicht mehr isoliert. Die archäologische Forschung der Nachkriegsjahre hat nachgewiesen, daß Karl d. Gr. an diesem Ort Mimigernaford (Münster) »eine civitas im antiken Sinne, eine neue Stadt als schützenden Ort der sedes episcopalis angelegt und gegründet« hatte (W. Winkelmann).

Von der *karolingischen* Bischofskirche haben wir heute kein genaues Bild mehr. Nach glaubwürdiger Überlieferung bestand der Dom Liudgers bis zum Jahre 1377 am Horsteberg, nördlich vom heutigen Dombau, an der Stelle des heutigen Kreuzganges und des Domherrenfriedhofs. Nach den Grabungen von 1936 hat Theodor Wieschebrink zuerst versucht, den Ludgerus-Dom zu rekonstruieren: danach war dieser erste Dombau genauso orientiert wie der heutige Dom, nach Osten, und hatte die Gestalt einer dreischiffigen Basilika. Die Ergebnisse seiner Ausgrabungen haben jedoch nur zu einer Hypothese gereicht: die dem Salvator und dem hl. Paulus geweihte Basilika des Bischofs Liudger hatte er in Analogie zum karolingischen Bau der Werdener Klosterkirche rekonstruiert. Die Ausgrabungen des Frühjahres 1981, die im Domkreuzgang durchgeführt wurden (Philipp Hömberg), kündigen an, daß die Maße und die Lage dieses Bauwerkes noch exakter festzulegen sind.

*Die Apostel Johannes, Jakobus und Petrus aus der Szene »Einzug Christi in Jerusalem« an der Westfassade des Domes von Heinrich Brabender, 1516/22. Zustand: vor 1900 (Westfälisches Landesmuseum für Kunst und Kulturgeschichte, Münster).*

*Vier kluge Jungfrauen vom ehemaligen Westportal des Domes, um 1620, Teilansicht, Zustand: vor 1944.*

*Skulpturengruppe »Religion« vom barocken Vorhof des Westportals, Johann Christoph Manskirch, 1748.*

Zwei Jahrhunderte später entstand der sog. zweite Dom, südlich vom karolingischen Bau, etwa an der Stelle des heutigen Domes. Seine Anfänge sind nicht überliefert, nur sein Weihedatum: Bischof Erpho weihte den zweiten *spätottonischen* Dom am 2. November 1090 zusammen mit dem Kölner Erzbischof Hermann III. von Hochstaden und dem Bischof Heinrich von Lüttich (Alois Schröer). Der zweite Dom wurde am 7. Mai 1121 durch einen Großbrand bei der Erstürmung der Domburg durch Lothar von Sachsen beträchtlich zerstört. Sein totaler Abbruch erfolgte im Zuge der Neubauarbeiten des dritten *spätstaufischen* Domes nach 1225. Der ottonische Grundriß-Typus vom abgebrochenen Bau II (dreischiffige Basilika mit Westwerk und doppeltem Querschiff: Typus St. Michael in Hildesheim oder St. Gertrud in Nivelles) hatte den Grundriß des spätstaufischen/spätromanischen Baus (Bau III) – der heutigen Domkirche – entscheidend geprägt. Drei Kapitelle, im Mauerwerk um 1900 gefunden, seit 1981 in der Domkammer aufbewahrt, gehörten wohl zum architektonischen Schmuck dieses zweiten Dombaus.

Die beiden ältesten Feste der Kirchenpatrone für die Münstersche Bischofskirche, die uns seit Bischof Altfrid überliefert werden, sind die Ehrungen des Salvator und die des heiligen Apostels Paulus (K. Hauck). Besondere Ehrung galt von Anfang an auch der Muttergottes und Johannes dem Täufer. Sie finden sich noch in der Bilderwelt des heutigen Domes, der sog. dritten Domkirche.

*Grundriß des Domes und der Dompfarrei von J. C. Schlaun, 1748.*

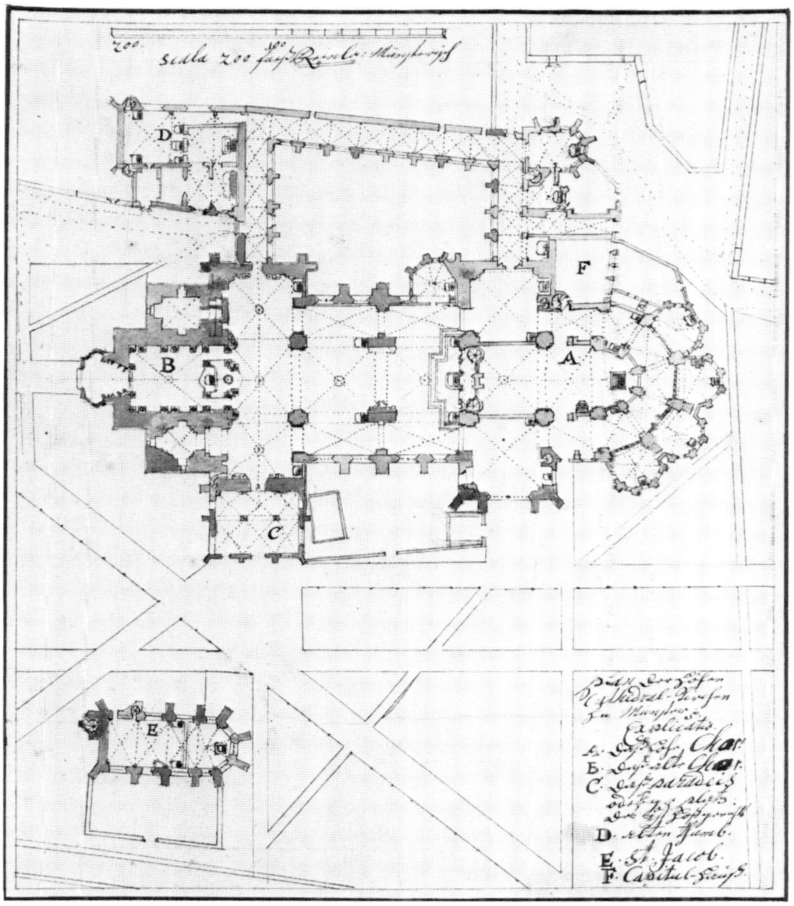


## Die Domanlage, der Außenbau und sein Skulpturenschmuck

Die machtvolle Gesamtgestalt des heutigen Domes – der Kathedralkirche Sankt Paulus des Bistums Münster – erfaßt der Betrachter in ihrer vollen, breitgelagerten Dimension allein von der Südseite des Domplatzes aus: die hochragende Doppelturmanlage mit dem massiven Westwerk, in der Mitte das großangelegte basilikale Mittelschiff zwischen den beiden Querschiffen, am westlichen Querschiff mit dem vorspringenden niedrigeren Paradies, dem heutigen Haupteingang des Domes, im Osten der polygonale Hochchor mit Umgang und Kapellenkranz. – Ein Blick auf den Grundriß des Bauwerkes läßt diese Struktur noch deutlicher erkennen – ergänzt im Nordosten durch spätere Annexbauten, durch den Kapitelsaal, die Sakristei, die Marienkapelle und im Norden zwischen den Flügeln der beiden Querschiffe eingespannt: durch den Kreuzgang um den Herrenfriedhof; weiter ganz im Norden durch die Neubauten des Bistums und des Kathedralkapitels aus dem Jahre 1980/1981: das Bischöfliche Offizialat und die Domkammer.

Die charaktervolle südliche Schauseite des Bauwerkes bleibt jedem Betrachter unvergeßlich: sie schließt den weiträumigen Domplatz ab, die ehemalige Domimmunität, die durch alle Jahrhunderte freigehalten wurde. Die einzige Ausnahme war nur die spätmittelalterliche kleine Kirche der Dompfarrei, St. Jakobi, die um die Mitte des 19. Jahrhunderts abgebrochen wurde.

Die heutige Domkirche ist im wesentlichen ein Werk des 13. Jahrhunderts: wie eine mächtige Burg erhebt sich der Dom aus dem Meer der umliegenden Häuser, – der warme lichte sandsteinfarbene Bau mit seinen hellen kupfergrünen Dächern steht majestätisch leuchtend zwischen den dunkelroten Ziegelbauten seiner Umgebung. – Fürstbischof Dietrich III., Graf von Isenburg, legte am 22. Juli 1225 den Grundstein für den heutigen Bau; seine Weihe erfolgte durch Fürstbischof Gerhard, Graf von der Mark, am 30. September 1264. In vierzigjähriger Bauzeit entstand hier eines der eigenwilligsten Bauwerke unter den Bischofskirchen des Heiligen Römischen Reiches zwischen Trient und Lübeck.

Die Dominanz der südlichen Schauseite bedeutet jedoch keine »Alleinherrschaft«. Die Paradiesvorhalle war nicht in

*Der Dom von Südosten.*

allen Zeiten der Haupteingang des Domes: diese bauliche Situation ist erst nach dem Zweiten Weltkrieg entstanden. Die Rekonstruktion des spätottonischen Westwerks zeigt die Westwand noch geschlossen (1090–1202). Der spätromanische Neubau (nach 1225) öffnete diese Anlage nach Westen mit einem rundbogigen Stufenportal und einem Radfenster, begleitet von dem mächtigen Turmpaar, das erst zur Weihe des heutigen Domes (1264) vollendet wurde. Das Untergeschoß der Turmanlage ist der älteste Teil des ganzen Bauwerkes, er wurde 1202 geweiht. Die beiden Türme flankieren den etwas höher gelegenen, sog. »Alten Chor«, der ebenfalls gegen Ende des 12. Jahrhunderts erbaut wurde. Die Maße der beiden Türme unterscheiden sich leicht voneinander: der Nordturm mißt etwa 11,5 x 11,4 Meter, der Südturm nur 8,4 x 10,8 Meter, aber nur bis zur Höhe des Dachfirstes: in den oberen Turmgeschossen werden die Unterschiede etwas ausgeglichen. Unterschiede beobachtet man auch im Mauerwerk. Die beiden Türme sind bis zum Dachfirst aus Nienberger Bruchstein gebaut und haben keine Gliederung. Erst oberhalb des Dachfirstes wurde mit Baumberger Sandsteinquadern gebaut und die Wandflächen wurden gegliedert, verziert, belebt: Blendarkaden, Bogenfriese und doppelte Schallöffnungen gliedern die vier oberen Geschoßzonen dermaßen, daß die schweren Türme sich nach oben in ihrer Massigkeit gelockert zu verjüngen scheinen.

Nach der Neugestaltung des 13. Jahrhunderts erfuhr die Westfassade des Domes erst unter Fürstbischof Erich I., Herzog von Sachsen-Lauenburg (1508–1522) einen wesentlichen Umbau. In diese Zeit gehört die Ausschmückung des Giebelfeldes mit der monumentalen Skulpturengruppe »Einzug Christi in Jerusalem« von Heinrich Brabender. Die Originale, die heute im Westfälischen Landesmuseum aufbewahrt werden, wurden kurz vor 1900 durch Kopien ersetzt. An die Stelle des mittelalterlichen Radfensters wurde ein großes spitzbogiges Maßwerkfenster eingesetzt, das für die westlichen Teile des Domes als Lichtquelle diente. Die Gestaltung des Stufenportals nahm die ikonologische Idee des spätmittelalterlichen Paradieses auf: am Mittelpfeiler stand die Statue der Muttergottes als Himmelskönigin mit dem Jesuskind. Zu Seiten dieses Inbildes des menschgewordenen Erlösers waren die Statuen der klugen und törichten Jungfrauen aufgestellt, die hier die Idee der Porta coeli (Pforte des Himmels) bildhaft verdeutlichten. Als weitere Figuren gesellten sich zu ihnen an der Außenwand die Statuen der Apostelfürsten Paulus und Petrus, die nicht mehr erhalten geblieben sind. Die Statuen der Muttergottes und der klugen und törichten Jungfrauen wurden nach 1945 im Dom bzw. im Kreuzgang untergebracht. Ihre letzte Bereicherung erfuhr die Westfassade im 18. Jahrhundert: nach einem Plan des Barockbaumeisters Johann Conrad Schlaun aus dem Jahre 1748 wurde vor dem Portal ein barocker

Vorhof errichtet. Es war eine doppelarmige Sandsteinbalustrade mit hohem Eisengitter, an den Eckpfeilern der Vorhoftür gekrönt mit den allegorischen Skulpturengruppen »Priestertum« und »Religion« aus der Werkstatt des Hofbildhauers Johann Christoph Manskirch. Der Abbruch erfolgte bereits im Jahre 1873. In der Gegenüberstellung von Geistlichem (Bischofsfigur) und Weltlichem (Frauengestalt) erinnerten sie noch an die Ikonographie der beiden Turmkapellen der Heiligen Petrus (Nordturm) und Katharina (Südturm), die im 12. Jahrhundert symbolisch ähnlich die beiden Mächte (Kirche und Welt) vertreten hatten. Alte Ansichten, die vor 1873 entstanden sind, stellen die Westfassade des Domes noch in ihrer höchsten künstlerischen Ausgestaltung dar. Sie wurde im Zweiten Weltkrieg total vernichtet.

Die großen Etappen der Dombaugeschichte sind auch an der südlichen Schauseite des Außenbaus deutlich ablesbar: Aus der Entstehungszeit (1225–1264) stammen die drei großen Radfenster an der Süd- und Südostseite des Westquerschiffes, die Hochwände des Mittelschiffes, des Ostquerschiffes und des Chorhauptes mit ihren charakteristischen Fenster-Dreiergruppen, rundbogig und in pyramidaler Anordnung in den einzelnen Jochen beziehungsweise vereinzelt wie im Chorbereich.

Der Außenbau der Paradiesvorhalle – die obere Etage und das Vorderjoch –, die Wandzonen der Seitenschiffe und die Chorkapellen mit ihren spätgotischen Maßwerkfenstern stammen alle aus dem 16. und 17. Jahrhundert. Die spätgotische »Modernisierung« dieser Bauteile war an

*Haupt des hl. Paulus vom südlichen Giebel des Westquerschiffes, 1225/35 (Westfälisches Landesmuseum für Kunst und Kulturgeschichte, Münster).*

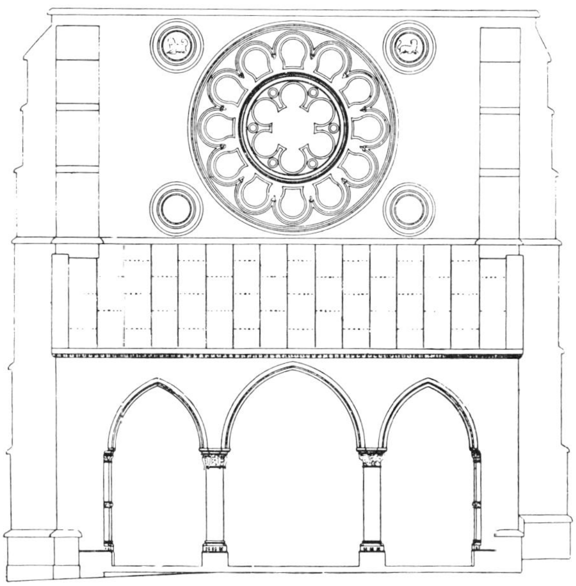

*Rekonstruktion der Paradiesvorhalle, Stirnseite mit der ursprünglich offenen Gerichtshalle von 1225/35, Zeichnung nach Max Geisberg, 1937.*

*Die südliche Stirnseite und die südöstliche Wand des Westquerschiffes mit den Radfenstern und Skulpturen »Löwe und Lamm« und »Wolf und Kranich«, Zeichnung von Hilger Hertel, um 1885.*

*Öffnung der apokalyptischen Buchrolle mit Löwe und Lamm, 1225/35 (Westfälisches Landesmuseum für Kunst und Kulturgeschichte, Münster).*

erster Stelle eine Notwendigkeit, eine schöpferische Antwort des Kathedralkapitels auf die Zerstörungen der Wiedertäufer von 1533/34, an zweiter Stelle entsprach sie aber schon den Forderungen der neuen liturgischen Bewegungen vor und nach dem Konzil von Trient (1563). Dies war nicht so sehr für den Außenbau von Bedeutung, viel mehr für das Innere des Domes.

Der gesamte Außenbau der Domkirche ist heute beinahe ohne Skulpturenschmuck. Ausnahmen bilden nur die südlichen Schauseiten der beiden Querschiffe, vornehmlich das Paradies des Westquerschiffes. Hoch oben an der südlichen Schauseite des Westquerschiffes erblickt man in der Mitte des oberen sechsteiligen Radfensters den mächtigen Kopf des heiligen Paulus, des Hauptpatrons des Domes; unterhalb des Pauluskopfes das Haupt Johannes des Täufers, der neben dem Salvator, der Muttergottes und dem Apostelfürsten Paulus im Dom besonders verehrt wurde. In dem Wandfeld unterhalb des Radfensters, befinden sich in Analogie zu den beiden kleinen Rosetten des Radfensters, zwei runde Nischen mit den Tiergestalten Löwe und Lamm, und hierunter das untere große, heute etwas verdeckte, zwölfteilige Radfenster der Stirnwand. Unter diesem öffnete sich die Vorhalle des Paradieses: in ihm hatte das Sendgericht seinen Platz, verbunden mit kirchlichen Visitationen und anschließender Rechtsprechung, die seit dem Ende des 9. Jahrhunderts als kirchliche Einrichtung bekannt ist.

In unmittelbarem Zusammenhang mit dem eschatologischen Themenkreis des Paradieses stehen diese Darstellungen der südlichen Schauseite, die durch die Erweiterungen nach 1516 voneinander getrennt wurden: das Bilderpaar Löwe und Lamm. Es fällt vor allem auf, daß die beiden Tiergestalten kompositionell aufeinander bezogen sind. Sie erscheinen nicht vereinzelt, sondern als ein Paar

*Johannesschüssel vom südlichen Giebelfeld des Westquerschiffes, 1225/35 (seit 1956 im Inneren des Domes, oberhalb der südlichen Turmkapelle untergebracht).*

*Zeichnung des Domparadieses von Paul Graeb, 1867.*

in szenischem Zusammenhang. Beide Tierskulpturen weisen die gleiche Körperhaltung auf, außerdem sind sie in der gleichen Handlung begriffen: Löwe und Lamm öffnen mit ihren Pranken eine Buchrolle. Es ist das Bild der Anfangsvision der Apokalypse: das Bild der Öffnung der apokalyptischen Buchrolle durch Löwe und Lamm. Es heißt in der Offenbarung Johannes des Evangelisten: »Siehe, der Löwe aus dem Stamme Juda hat gesiegt, so daß er die Buchrolle ... zu öffnen vermag« (cap. 5, 5); und weiter: »Und ich sah ... ein Lamm stehen, wie geschlachtet ... und es hat die Buchrolle aus der Rechten dessen genommen, der auf dem Throne sitzt« (cap. 5, 6). Dieser biblische Text ist der Kern dieser visionären Darstellung. Der Zentralgedanke ist das in den Evangelien bezeugte Sühneopfer durch den Löwen und das Lamm. Das Öffnen der Buchrolle bedeutet »Erleiden des Todes für die Menschen durch den Gottessohn Christus, der als Opferlamm agnus genannt wird und als Überwinder des Todes leo« (W. Köhler). Die Exegeten des Hochmittelalters zeichnen sich durch ähnliche Gedanken aus. Faßt man sie kurz zusammen, so kommt man zu bildparallelen, formelhaften Gegenüberstellungen: Der geistige Löwe (Christus) vom Stamme Juda: der Höchste, der Siegreiche. Das geistige Lamm (Christus): der Niedrigste, das Opfertier, d. h. der Messias, der Löwe, der siegen soll, hat sich zum Lamme gemacht, das leiden soll. Auch die einzelnen Details wurden in diesem Sinne gedeutet: der Löwe mit geöffnetem Rachen und weit aufgerissenen Augen = Zeichen der siegreichen Auferstehung, Zeichen der Gottheit Christi; »wie geschlachtet« aber aufrecht, das Lamm mit zurückgewandtem Kopf = Zeichen der Wiederkunft Christi. Löwe und Lamm versinnbildlichen die beiden Naturen Christi: Löwe = Macht, Hoheit, Stärke; Lamm = Einfalt, Unschuld, Sanftmut. Diese exegetische Tradition reicht bis in die Frühzeit der abendländischen Kirche zurück. Bereits Augustinus hat die Gegenüberstellung der beiden Symbolwesen Löwe und Lamm in diesem Sinne als das Bild des inkarnierten Christus interpretiert: »Ipse (Christus) leo dictus est, ipse (Christus) agnus occisus est. Leo dictus est propter fortitudinem, agnus propter innocentiam. Leo quia invictus, agnus quia mansuetus« (Augustinus, Sermones Nr. CLXXIV). Als Anfangsvision und bildgewordene Verkündigung der Mysterien Christi – Menschwerdung, Tod, Auferstehung und Wiederkunft – war diese Darstellung der »apokalyptischen Öffnung« auch optisch zu den eschatologischen Darstellungen des unteren Paradiesportals in Verbindung gebracht und verstanden, das in seiner Mitte den thronenden Christus als Richtergott zwischen seinen Jüngern und weiteren fürbittenden Heiligen und Stiftern zeigt.

*Wolf und Kranich (Symbolische Mahnung zur geistigen Wachsamkeit) von der südöstlichen Wand des Westquerschiffes, 1225/35 (Domkammer).*

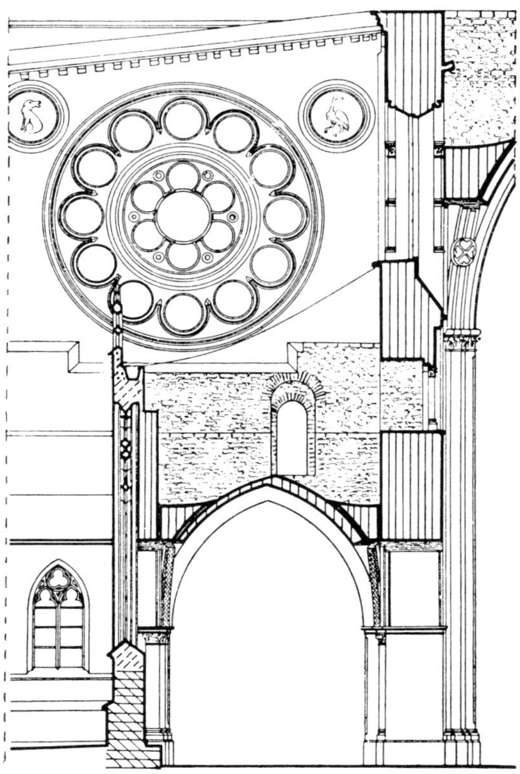

Auch die südliche Ostwand des Westquerschiffes wurde im Zeichen des Weltgerichtes gestaltet: oberhalb des zwölfachsigen Radfensters befinden sich hier auch zwei kreisförmige Nischen mit den Tiergestalten Wolf und Kranich als Sinnbilder des Bösen (Wolf) und des Guten (Kranich). Dem heulenden Wolf steht der wachsame Kranich gegenüber. Der Kranich, das Symbol der geistigen Wachsamkeit, ist mit einem Stein in seinen Krallen dargestellt, der – nach antik-frühchristlicher Überlieferung (Phädrus) –, wenn der Kranich einschläft, herunterfällt und den Schlafenden aufweckt. In der Symbolik der Kirchenväter wurde er oft der Justitia, der Gerechtigkeit, zugeordnet. Verwandte Beispiele aus derselben Zeit sind auch in der Bauplastik der Kirchen von Bonn, Brauweiler und Knechtsteden zu finden.

So erscheint das Innere der Paradiesvorhalle mit seinem großartigen und berühmten Skulpturenschmuck ikonologisch bereits mehrfach motiviert: Die gesamte Anlage steht unter dem Leitgedanken der Porta coeli, der Pforte des Himmels. Oberhalb der Doppeltür thront Christus als

*Schnitt des südlichen Seitenschiffes mit der südlichen Ostwand des Westquerschiffes, Bauzeichnung nach Max Geisberg, 1937.*

Weltenrichter mit segnender Rechten und in seiner Linken mit dem Buch des Lebens (Apk. 20, 12), ursprünglich wohl zwischen den vier apokalyptischen Symbolen (Mensch, Stier, Löwe, Adler), die vermutlich während der Wiedertäuferunruhen (1533/34) zerstört wurden. Diese Darstellung der Majestas Domini gehört organisch zur Vorstellung von dem himmlischen Reich, dem Himmelsstaat und der Himmelsstadt. Rechts und links vom Weltenrichter, an den seitlichen Stirnwänden der Vorhalle, stehen die Statuen der Apostel – an der Mittelstütze (unter Christus) die Statue des heiligen Paulus, des Hauptpatrons der Domkirche – sie bilden das Richterkollegium des Jüngsten Gerichtes –, insgesamt elf Figuren (5 + 1 + 5), Petrus fehlt. Alle Statuen – mit einer Ausnahme – stammen aus der ersten Bauphase des Domes, aus der Zeit zwischen 1225 und 1235. Die Ausnahme ist die Statue des hl. Paulus: sie ist eine Arbeit Johann Brabenders aus den Jahren nach den Wiedertäuferzerstörungen (1533/34). Die Statuen stehen zwischen gleichhohen Säulen und unter Baldachinkronen. Ihre Gleichsetzung mit Säulen ist biblisch begründet. Sie findet sich im Galaterbrief 2, 9: »Jakobus, Kephas und Johannes, die als Säulen angesehen wurden.« Diese Symbolik der Apostel am Paradiesportal ist gleichfalls auf den Eingang des Himmels zu beziehen, den sie prophezeit und vorbereitet haben. Alle Figuren stehen unter kleinen Kronenbaldachinen, architektonischen Gebilden wie Städte. Diese abkürzenden Zeichen signalisieren sie als Bürger der Himmelsstadt, des himmlischen Jerusalems, das in der Vision des Johannes beschrieben ist. Christus, der oberhalb des Portals thront, ist symbolisch selbst die Tür zum Heil: »Ich bin die Tür. Wer durch mich hineingeht, der wird selig werden« (Joh. 10, 9). Diese Bibelstelle wurde mehrfach interpretiert. Nach Gregor d. Gr. steht Christus im Tore, weil er durch die Menschwerdung gleichsam auf die Schwelle zwischen Gottheit und Menschheit trat (Gregor, II, hom. 1.15). Hiermit wird schon darauf hingewiesen, daß das Innere der Kirche das himmlische Jerusalem darstellt. So ist auch das große Radfenster zwischen den apokalyptischen Wesen Löwe und Lamm zu verstehen: Es ist das Bild der Sonne, die Sonne aber ist Christus, und in sekundärer Bedeutung das Rad des Gerichts, ähnlich wie bei den großen »Fensterrosen« der gotischen Kathedralen Frankreichs.

Bau- und stilgeschichtliche Beobachtungen legen es nahe, daß der gesamte Skulpturenschmuck der Süd- und Ostseite des Westquerhauses (Pauluskopf, Johannesschüssel, Löwe und Lamm, Wolf und Kranich, Christus und seine Apostel) noch aus dem ersten Jahrzehnt nach der Grundsteinlegung (1225/35) stammt. Die Voraussetzungen dieser »zugleich schweren und dann in den Proportionen

*Unbekannter Maler, Der Domplatz von Südosten, um 1760.*

*Pauluswunder vor Damaskus, Wandmalerei des Meisters von Schöppingen, um 1450 (seit 1956 verdeckt).*

*Das Innere des Domes mit dem Lettner von 1542, Stahlstich nach einer Zeichnung von J. F. Lange, 1842/43.*

*Statuen der Apostel Jakobus d. Ä. und Andreas vom Domlettner, Johann Brabender, um 1542 (Domkammer).*

*Das Innere des Domes, Blick nach Osten, nach 1870(?); dem Schlaun-Umkreis zugeschrieben, als Entwurf für die Entbarockisierung des Domes interpretiert, um 1750 (?).*

Mächtigkeit und Zierlichkeit wunderlich miteinander verbindenden Figurenbildung« hat die Forschung in der Skulptur der Kathedralen von Chartres und Reims erkannt (W. Sauerländer): »Nicht die vollständige Übernahme und Imitation kompletter westfranzösischer Vorbilder ist es also, was wir vor Augen haben, sondern die Rezeption nordfranzösischer Anregungen und ihre Integrierung in einen autochthonen, noch ‚spätromanisch' gefärbten Stil von besonderer Beharrungskraft.«

In den später zugemauerten seitlichen Bogenöffnungen der Paradiesvorhalle stehen weitere vier monumentale Skulpturen, die alle wohl in die Zeit Bischof Gerhards gehören, also noch vor der Domweihe (1264) entstanden sind. Künstlerisch gesehen gehören sie zu den größten Leistungen der deutschen Skulptur des 13. Jahrhunderts. Der Sinn ihrer Aufstellung – unabhängig von den verschiedenen Fragen ihrer kunsthistorischen Erforschung – kann kaum in Frage gestellt werden: sie erscheinen hier vor dem Throne des Weltenrichters als Fürbitter, als Vermittler zwischen Gott und den Menschen. Rechts stehen die Statuen des Gründerbischofs Dietrich (Theodor) III., Graf von Isenburg, in vollem bischöflichem Ornat, mit Grundstein und Schriftband, und des heiligen Laurentius, des Patrons der unschuldig Verurteilten, heute in verkehrter Reihenfolge, da sie im 19. Jahrhundert im Zuge der allgemeinen Restaurierungsmaßnahmen vertauscht wurden. Als himmlischem Vermittler gebührt dem Laurentius der Platz vor dem Bischof, der nach der Ermordung seines Bruders, des Erzbischofs Engelbert von Köln 1225 als Mitwisser grundlos beschuldigt wurde. Die Inschrift seines Schriftbandes weist auf die Gründung des Domes hin

An der gegenüberliegenden westlichen Seitenwand stehen die Statuen der heiligen Maria Magdalena und einer ritterlichen Gestalt. Magdalena steht zu dem Gründerbischof Dietrich (Theodor) höchst eigenartigerweise in mehrfacher Beziehung: Fürstbischof Dietrich III. führte ihr Fest in der Diözese ein und er legte es auf den 22. Juli 1218, auf den Tag, an dem er die Bischofsweihe empfing; und am Tage der heiligen Maria Magdalena starb er im Jahre 1226.

Die Identifizierung der ritterlichen Gestalt, zur Rechten der heiligen Magdalena, gelang der Forschung noch nicht.

*Entwurf für den Reliquienaltar des Domes, den ehemaligen Hochaltar, Gerhard Gröninger, 1619.*

Manche wollten in ihm den seligen Gottfried von Cappenberg erkennen, andere dagegen den Namenspatron des Gründerbischofs Dietrich III., den heiligen Theodor. Beide Deutungsversuche blieben jedoch nicht unwidersprochen, dies betrifft ebenfalls die Identifizierungsversuche der beiden kleinen betenden, zu Füßen der Heiligen Laurentius und Maria Magdalena knienden Stifterfiguren.

Es fällt immerhin auf, daß die beiden Figurenpaare ganz im Geiste ihrer Zeit einander gegenübergestellt sind: rechts die Vertreter der Kirche (Diakon, Bischof), links die Vertreter des weltlichen Lebens (Frau, Ritter), in ihrer Heiligkeit die beiden Welten verbindend. – Mit feinstem Spürsinn für inhaltliche Zusammenhänge hat man das Gesamtprogramm zu Anfang des 17. Jahrhunderts mit zwei weiteren Statuen erweitert, die vom Bildhauer Gerhard Gröninger stammen: rechts mit Petrus (Papsttum) und links mit Karl d. Gr. (Kaisertum). Am mittleren Paradiesportal (außen) wurde dieses Bildprogramm nach 1534 abermals bereichert: durch die Darstellung des Sündenfalls, Adam

*Deckengemälde »Verherrlichung der Arma Christi« von Giovanni Murari, nach Entwürfen von Peter Pictorius, 1727, ehemals im Westwerk des Domes (1944 zerstört).*

und Eva unter dem Baum des Paradieses in dem Bogenfeld. Dieses Werk Johann Brabenders – wohl sein bedeutendstes – hatte hier im Geiste der norddeutschen Renaissance seinen Platz gefunden. Die Sinnbezüge zum Weltgericht sind offenkundig: die durch Eva (Sündenfall) geschlossene Pforte des Paradieses ist durch Maria (Menschwerdung Christi) wieder geöffnet worden. Die Inschrift unterhalb der Figurennische, die heute ganz leer ist, erinnerte an diese Zusammenhänge: PRO TEMPLO ETERNO STABAT PARADYSUS OLYMPI / FELIX QUAM NIMIUM SI COLUISSET HOMO / ITE PER HANC MISERI MORTALES PLAGITE CULPAS AD TEMPLA EXCELSA / REDITE VOTA DEO (Vor dem ewigen Tempel stand das himmlische Paradies / Wie überglücklich wäre der Mensch, wenn er es bewohnt hätte. / Geht hier hindurch, ihr Armen der Vergänglichkeit, schreit eure Schuld laut hinaus zu den erhabenen Heiligtümern, gebt Gott eure Gelübde zurück).

Wie das Paradies am Westquerschiff war auch die Stirnseite des Ostquerschiffes, das sog. Johannisportal, im 13. Jahrhundert plastisch reich geschmückt. Das ursprüngliche Giebelrelief des Portals – heute im Ostflügel des Kreuzganges eingemauert –, stammt wohl aus der Werkstatt der nordfranzösisch geschulten Bauhütte, der wir die berühmten Skulpturen der seitlichen Paradiesnischen verdanken. Zu Anfang des 16. Jahrhunderts (nach 1515) wurde die ganze Stirnseite des Ostquerschiffes umgestaltet und in Analogie zum Westportal mit einem mächtigen spitzbogigen Maßwerkfenster geschmückt. In einem späteren Bauabschnitt (1565) wurde dann ihr Giebeldreieck mit reichen plastischen Darstellungen versehen. In den Nischen des Giebels stehen lebensgroße Figuren, die die Erlösungstat Christi verbildlichen: die Verkündigung, die Menschwerdung – Geburt und Anbetung der Könige –, den Kreuzestod und die Auferstehung, seit der Restaurierung von 1905 Kopien der Arbeiten der Bildhauer Albert und Johann Reining (1580/1617). Die Bronzestatue des Erlösers von Bernd Schmedding (1565) an der Giebelspitze – wie der Name »Salvator-Giebel« – erinnert noch heute an das Doppelpatrozinium des Domes: sein erster Bau wurde dem Salvator und dem heiligen Paulus geweiht.

*Ostflügel des Kreuzganges mit einem gewölbten Gang zum Horsteberg, an der Stelle der heutigen Sakristei, Zeichnung von L. E. Grimm, 16. Dezember 1827 (Ende des 19. Jahrhunderts abgebrochen).*

*Epitaph des Domvikars Bernhard Ahlers, gest. 1712, wohl von Johann Wilhelm Gröninger (ehemals im Domherrenfriedhof, verwittert und zerstört).*

*Bild des zerstörten Domes aus dem Turm der Lamberti-Kirche, nach 1944.*

Thronende Muttergottes mit dem Jesuskind, wohl Nordfrankreich, 1310/1330 (Domkammer).

Reliquienbüste des hl. Paulus, Ende des 15. Jahrh. (Domkammer).

Elfenbeinreliquiar mit Darstellungen der Weibermacht. Teilansicht: Samson besiegt den Löwen, Ende des 14. Jahrhunderts (Domkammer) – Reliquienmonstranz mit Petrusreliquien, um 1400 (Domkammer) – Reliquienmonstranz mit Paulusreliquien, Stiftung Kaiser Heinrichs IV. für Bischof Hermann II. von Münster (1174–1203), Reliquiengefäß: um 1400.

*Stehende Muttergottes, 2. Hälfte des 14. Jahrhunderts (Hochaltar des Domes, westliche Schauseite, Ostvierung).*

## Der Innenraum des Domes

Der mächtigen Gesamtgestalt des Außenbaus antwortet im Inneren eine höchst eigenwillige Raumkomposition: sie besteht aus zehn fast quadratischen Jochen, sechs in der Mittelachse, verbreitert jeweils durch zwei weitere Joche an den Flügeln der beiden Querschiffe. Das Westwerk (auch ‚Westchor' genannt) öffnet sich heute nur zum Hauptschiff hin, nach Osten, begleitet von den tieferliegenden Turmkapellen. Seine Innenwände – die ältesten Teile des heutigen Baus – sind reich gegliedert durch Arkadengruppen und Laufgänge mit rundbogigen Säulenarkaden. Im Gegensatz zu seinem Halbdunkel steht das Mittelschiff in hellerem Licht: die lichten Breiten der vier Mittelschiffsarkaden, die ihre Höhen übertreffen, öffnen dem Blick die Seitenschiffe. Der Raum der niedrigeren Seitenschiffe partizipiert so an der majestätischen Höhe des Hauptschiffes mit seinen Kuppelgewölben. Treffend sprach man vom Charakter einer »basilikalen Hallenkirche« (H. Thümmler). Der Raum des Mittelschiffes mündet im Osten in einem polygonalen Abschluß aus fünf Seiten eines Zehnecks. Die zweischalige Wandbildung im Bereich des Hochchores und auch im Ostquerschiff nimmt das zweischalige System des Westwerks wieder auf. Die fünf großen rundbogigen Fenster der Hochwände verleihen dem Hochchor einen lichtvollen Charakter, dazu tragen auch die fünf unteren Bogenöffnungen bei, die sich zum Chorumgang bzw. zu den nachmittelalterlichen Chorkapellen öffnen. Die beiden Querschiffe – in voller Höhe des Mittelschiffes – bestimmen den monumentalen Raumeindruck mit. So entsteht ein Eindruck von unvergeßlich majestätischer Weiträumigkeit, die an die frühen westfälischen Stufenhallen erinnert. Hierin offenbart sich der Wille und die Raumkunst des unbekannten genialen Baumeisters des 13. Jahrhunderts, einen Einheitsraum ohne das Fortfallen der basilikalen Gliederung und der Querschiffe zu gestalten. Ganz in diesem Sinne wurde der ursprüngliche Skulpturenschmuck des Innenraumes auf Weniges beschränkt. An erster Stelle stehen die monumentalen Sandsteinskulpturen der vier Evangelisten an den Vierungspfeilern im Ostquerschiff. Die vier Rundbogennischen mit eingestellten Arkaden dienten nicht nur zur Belebung der seitlichen Schildflächen im Mittelschiff, sondern auch als Skulpturen-Nischen, in Analogie zu den seitlichen Figuren-Nischen des Paradieses. Die einzigartigen Konsolen-Köpfe der Zickzackrippen in den Seitenschiffen und die Zierscheiben der Kuppelgewölbe gehören auch in die Bauzeit des heutigen Domes. Alles andere stammt aus späterer Zeit.

## Die Annexbauten des Domes

Der mächtige Baukörper des Domes ist im Osten und Norden von mehreren Nebengebäuden umlagert, die heute teilweise mit ihm ganz organisch zusammengewachsen erscheinen, obwohl sie aus verschiedenen Zeiten stammen. Zu den ältesten Annexbauten gehören der Kreuzgang, der den Domherrenfriedhof umschließt, und die Marienkapelle an der nordöstlichen Ecke des Kreuzganges. Beide stammen aus den 90er Jahren des 14. Jahrhunderts. Zu Anfang des 16. Jahrhunderts entstanden zwei weitere Bauten von Rang: die sog. Kreuzkapelle (die 1. Chorkapelle von Nordosten), die ursprünglich als Vikariensakristei errichtet wurde, und der Kapitelsaal (bez. 1537) zwischen Chorhaupt und nördlichem Flügel des Ostquerschiffes. Nach dem Vorbild der Kreuzkapelle wurden die Kapellen der Heiligen Maximus, Liudger und Joseph im Auftrage des Fürstbischofs Christoph Bernhard von Galen (1663/64) errichtet. Noch am Ende des 17. Jahrhunderts entstand die heutige Sakramentskapelle (1697) als neue Vikariensakristei. Am Ostflügel des Kreuzganges wurden die spätgotischen Elisabeth- und Annenkapellen (zwischen Kapitelsaal und Marienkapelle) abgebrochen und an ihrer Stelle die heutige Sakristei 1885 erbaut. Hinter dem Nordflügel des Kreuzganges – am Horsteberg –, der auch in den früheren Jahrhunderten stets bebaut war, wurden zuletzt die Neubauten des Bistums und des Kathedralkapitels von 1981 errichtet: das bischöfliche Offizialat und die Domkammer. Das Erstaunlichste ist bei diesem wechselvollen Wachsen der Annexbauten an der Nordseite des Domes, daß sie sich in allen Zeiten – einschließlich die Neubauten unserer Tage – dem Bauwerk des Domes maßvoll – ‚spätromanisch-frühgotisch' – unterordnen konnten.

## Die künstlerische Ausstattung des Domes und seiner Annexbauten

Der heutige Dom hatte seine ursprüngliche mittelalterliche Ausstattung beinahe völlig verloren: sie fiel der Zerstörungswut der Wiedertäufer zum Opfer. Die ältesten Reliquiare der Domkammer und das romanische Vortragekreuz in der Marienkapelle erinnern nur noch an ihre hohe Qualität. Auch Veränderungen, die aus liturgischen Gründen durchgeführt wurden, haben die künstlerische Ausstattung des Domes manchmal geschmälert.
Im wesentlichen lassen sich drei bedeutende Epochen in der Ausstattung des heutigen Domes unterscheiden:

1. Die Zeit der Renaissance, die kurz nach 1534/35 einsetzt und gegen 1560/70 schließt. Aus dieser Zeit stammen der große Lettner Johann Brabenders von 1542 (bereits 1870 abgebrochen), die Statue der heiligen Katharina, die Epitaphien Bischopink (nach 1537) in der Marienkapelle und Schade (um 1540) ebenfalls von Johann Brabender; die astronomische Uhr (voll. 1542) von Dietrich Tzwyvel und Johann von Aachen mit Malereien des Ludger tom Rings d. Ä., um nur die wichtigsten Werke zu nennen. Die Vertäfelung des Kapitelsaales von Johann Kuper (1551/58) gehört zu den schönsten Sonderleistungen der norddeutschen Renaissance.
2. Die nächste, stark schöpferische Kunstepoche des Domes, der Barock, setzt mit der Neugestaltung des Westportals kurz vor 1600 ein und endet mit der Barockisierung des gesamten Hochchores um 1700. Die lange Reihe der Epitaphien, zahlreiche Einzelstatuen und monumentale Grabmäler zeugen von Fülle und Qualität, mit denen die Ausstattung des Domes damals bereichert wurde. Hier sind vor allem die Arbeiten der Bildhauerfamilie Gröninger zu nennen. Die drei Beispiele aus den drei Perioden der westfälischen Barockkunst stehen exemplarisch für ihre hohe Kunst: so Gerhard Gröningers Stephanus-Altar um 1625 im Nordflügel des Ostquerschiffes; Johann Mauritz Gröningers Grabmal des Fürstbischofs Christoph Bernhard von Galen von 1674/73 in der Josephs-Kapelle und Johann Wilhelm Gröningers Epitaph des Dompropstes Ferdinand von Plettenberg um 1712 im Südflügel

*Die Chorkapellen des Domes, die sog. von-Galenschen Kapellen, 1663/64 im Auftrage des Fürstbischofs Christoph Bernhard von Galen errichtet.*

*Südliche Schauseite des Westquerschiffes mit der nach 1516 erweiterten Paradiesvorhalle, Anfang des 13. und Anfang des 16. Jahrhunderts.*

*Südliche Schauseite des Ostquerschiffes mit dem Salvatorgiebel (umgestaltet: Anfang des 16. Jahrhunderts; erneuert: Ende des 19. Jahrhunderts).*

des Ostquerschiffes. Ihr Stil – ganz im Geiste des Barocks – trägt die Formen größerer Einheiten mit leidenschaftlichem Pathos, tiefster Verinnerlichung, Überschwang des Gefühls, höfischer Verhaltenheit, schwellender Sinnlichkeit und starkem Verlangen nach Ausdruckssteigerung.

3. Noch zu Ende des 19. Jahrhunderts hatte das Innere des Domes eine entscheidende und zugleich kritische Bereicherung erfahren: das ganze Innere wurde ausgemalt, um die Architektur und die vereinzelten Bildwerke aus den früheren Jahrhunderten in eine bunte, teppichhaft ausgebreitete Ornament-Welt einzufangen. Die Qualität dieser historisierenden Ausmalung wurde bald in Frage gestellt. Ihr ikonographisches Programm war jedoch nicht ganz belanglos. Manche Betrachter unserer Zeit haben sie als ‚düster' empfunden. Der letzte Krieg und die dem Historismus noch abgeneigte Denkmalpflege hat sie gänzlich beseitigt.

## Die Domkammer

Die neue, 1981 errichtete Domkammer tritt die Nachfolge der zuerst 1930 in der heutigen Sakramentskapelle durch Max Geisberg eingerichteten »Domschatzkammer« an. Die Zwischenstation der ehemaligen Domschatzkammer in der Kapelle des Nordturmes entsprach den konservatorischen Anforderungen leider nicht mehr. Die hier untergebrachten Bestände des Domes waren höchst gefährdet. So stand der Neubau der Domkammer im Zeichen einer steigenden Notwendigkeit. Ihre Architektur (B. Dirksmeier) strebt sinnvollerweise keine bauliche Verselbständigung, keine Isolierung des Baukörpers an, sondern schließt sich dem Bau des Domes unmittelbar an, und zwar durch den Kreuzgang. Der wiederhergestellte Kreuzgang bleibt so weiterhin ein Raum für liturgische Prozessionen, bleibt Wandelgang und Meditationsraum ohne musealen Cha-

*Mitteljoch des Paradieses mit dem Weltgerichtsportal von 1225/35; umgestaltet nach 1534: die beiden Türsturzreliefs mit den Szenen »Anbetung der Heiligen Drei Könige« und »Sturz Pauli vor Damaskus« bildeten früher die Aufsätze von Altären; die mittlere Pfeilerstatue des Hl. Paulus ist eine Arbeit Johann Brabenders aus der Zeit um 1540.*

*Westjoch der Paradiesvorhalle, 13. Jahrhundert; an der Stirnwand: Apostelstatuen (1225/35); in den seitlichen Figurennischen links: Hl. Magdalena und Hl. Ritter (Theodor? oder Gerhard?), 1245/64.*

rakter und bildet das Bindeglied zwischen Domkammer und Dom. Die Außenwände der neuen Domkammer harmonisieren mit dem Dom. Sie sind wie die Domtürme verkleidet, mit Werkstein und Schollenmauerwerk aus Baumberger Sandstein. Ihre Dächer ähneln denen der Domtürme. Ihre Höhe ist an den Dächern des Kreuzganges und der benachbarten Marienkapelle orientiert. Schon ihr bescheidener Name *Domkammer* soll zum Ausdruck bringen, daß sie grundsätzlich neu konzipiert wurde. Sie ist keine *Kunst*kammer, keine Domschatzkammer, auch keine *Heiltums*kammer, keine *Sakristei,* aber auch kein Dom*museum* in herkömmlichem Sinne. Ihre Struktur und ihre Funktionsbestimmung hat jedoch etwas von den Charakteren dieser fünf ‚Bautypen' zu eigen: sie zeigt hohe *Kunst* aus den Epochen des Domes; sie bewahrt die größten Schätze der Kirche: die *Reliquien* der Heiligen, die im Hohen Dom verehrt werden, auf; sie bildet eine Art »Heiltumskammer«, da ihre Heiltümer auch der *Verehrung* der Gläubigen zur Schau ausgestellt werden; sie ist gleichwohl eine Art »Sakristei«, da ihre Objekte noch heute in der *Liturgie* in Gebrauch sind; sie hat zuletzt auch *museale Züge,* hauptsächlich in den historischen Dimensionen ihrer Bestände, da hier der Versuch unternommen wird, möglichst alle Objekte des Domes aus zwölf Jahrhunderten, auch diejenigen, die früher einmal ‚obdachlos' geworden waren, wie in einer ‚Sammlung' unterzubringen.

Die innere Konzeption der Domkammer zeigt eine dreigeteilte Einheit: 1. In der Mitte den Reliquienschatz der Kathedralkirche, ergänzt durch eine rahmende Bilderwelt zum Thema *»Verehrung der Heiligen und ihrer Reliquien im Dom«.*

2. Im Tiefgeschoß den Paramentenschatz, ergänzt durch liturgische Insignien, Geräte, Handschriften und Bücher zum Grundthema *»Liturgie – liturgische Feste des Domes und ihr Ornat«.*

3. Im Obergeschoß die Kunstgeschichte des Domes nach Epochen und Aufgaben, ergänzt durch die Ausstrahlung des Domes auf die Diözese zum Grundthema *»Kunst und Kult in dem Dom und der Diözese«.*

Aus allen Epochen des Domes besitzt die Domkammer hochbedeutende Werke, mehrere frühe Reliquiare, darun-

*Ostjoch der Paradiesvorhalle, 13. Jahrhundert; an der Stirnwand: Apostelstatuen (1225/35); in den seitlichen Figurennischen rechts: Bischof Dietrich III., der Gründer des heutigen Domes und der hl. Laurentius (1245/64).*

ter das älteste Kopfreliquiar der abendländischen Kunstgeschichte, den goldenen Pauluskopf aus dem 11. Jahrhundert. Eine ganze Reihe großartiger Goldschmiedearbeiten – Reliquienstatuen, Geräte, Insignien – stammt aus der Epoche der hohen und späten Gotik, z. B. die goldenen Statuen der Apostel, Heiligen und Propheten, die ihre Aufstellung früher im barocken Hochaltar von 1622 gefunden hatten. Aus der Zeit der Renaissance sind hier auch an erster Stelle die Arbeiten des Bildhauers Johann Brabender und die Malereien Hermann tom Rings hervorzuheben. Die barockzeitliche Kunst des Domes ist besonders durch die wiederhergestellten sechs monumentalen Alabasterreliefs von Johann Mauritz Gröninger repräsentiert, die aus der 1944 zerstörten und später abgetragenen Hochchorausstattung stammen: In der Mitte Szenen der Kreuzaufrichtung und Kreuzabnahme Christi, an den seitlichen Feldern Szenen aus dem Leben und den Martyrien der vier Hauptheiligen des Domes, der Heiligen Paulus, Brüder Ewald, Carolus magnus und Ludgerus. Ihr Auftraggeber war Fürstbischof Friedrich Christian von Plettenberg (1688–1706), der sie zur feierlichen Gestaltung der Gottesdienste in der Osterliturgie 1706 im Hochchor aufstellen ließ.

Von besonderem Rang ist die Sammlung der liturgischen Gewänder, darunter einige frühe Stücke aus dem hohen Mittelalter; den Schwerpunkt bilden die barocken Paramente der Fürstbischöfe des 17. und 18. Jahrhunderts. Die Kunst des 19. Jahrhunderts ist durch die Werke Wilhelm Achtermanns vertreten, die für den Münsterschen Dom in Auftrag gegeben wurden.

Die so neugestaltete und vielfach bereicherte Einheit von Dom und Domkammer öffnet sich der Welt, um die eindrucksvolle Sprache ihrer Werke laut werden zu lassen, die ihnen durch alle Zeiten eigen geblieben ist; um mit Johannes Scotus Eriugena zu sprechen: »Die sichtbaren Formen seien nicht um ihrer selbst willen anzustreben und geoffenbart worden, sondern sie seien Abbilder einer unsichtbaren Schönheit, durch welche die göttliche Vorsehung die Menschen an die reine und unsichtbare Schönheit der Wahrheit erinnert.«

*Vier Kapitelle der südlichen Turmkapelle, Ende des 12. Jahrhunderts.*

*Hauptschiff, Blick nach Osten zum Hochchor.*

*Das Innere des Domes im Westen, Blick zur südlichen Turmkapelle mit der Johannesschüssel und zum Westwerk mit Säulenarkaden, Ende des 12. Jahrhunderts.*

*Blick zur Innenwand des Südturmes.*

*Blick in das nordöstliche Joch des Mittelschiffes, von Süden nach Norden, im Hintergrund die Sakramentskapelle des Domes.*

*Blick in das Hauptschiff und Ostquerschiff von Südwesten nach Nordosten.*

*Hochwandgliederung und -schmuck in der Ostvierung, vor 1245.*

*Hochchor, Blick nach Osten, Zustand: nach 1956.*

*Südliches Seitenschiff, Blick nach Osten.*

*Die Schauseite des Domes von Südosten, 13./16. Jahrhundert.*

*Bronzetaufbecken in der südlichen Turmkapelle, 1. Hälfte des 14. Jahrhunderts.*

*Triumphkreuz, wohl 1. Hälfte des 14. Jahrhunderts.*

*Thronende Muttergottes, 2. Hälfte des 13. Jahrhunderts (Domkammer).*

*Goldenes Reliquienkreuz mit Bergkristallfuß, 12. Jahrhundert (Domkammer).*

*Büste des Propheten Sophonias, 2. Hälfte des 15. Jahrhunderts (Domkammer).*

*Büste des Propheten Nahum, 2. Hälfte des 15. Jahrhunderts (Domkammer).*

*Büste des Propheten (Philosophen) Philo von Alexandria, 2. Hälfte des 15. Jahrhunderts (Domkammer).*

*Büste des Propheten Jeremias, 2. Hälfte des 15. Jahrhunderts (Domkammer).*

*Muttergottes (Maria lactans) unter einem Thronbaldachin, um 1400 (Domkammer).*

*Kokosnußreliquiar mit Lamm Gottes, um 1250 (Domkammer).*

*Statue des hl. Paulus an der Nordwand des Hochchores, um 1350/60.*

Der 7. Engel des Engelchores im Hochchor, 1549/1551, Franz Brabender zugeschrieben.

Hl. Katharina von Alexandria, Johann Brabender, um 1540.

*Herrenfriedhof und Kreuzgang von Westen, Nordseite des Domes, 13./Ende des 14. Jahrhunderts. – Links: Die Südwand des Kreuzganges, 1395; Mitte: Totenleuchte (mehrfach erneuert); rechts: Außenbau der Sakramentskapelle, errichtet 1697 als Vikariensakristei im Auftrage des Domdechanten Matthias Friedrich von der Recke; im Hintergrund: der Ostflügel des Kreuzganges, voll. 1395.*

*Altaraufsatz mit der Anbetung der Heiligen Drei Könige von Johann Brabender, 1540/50. Das Relief bildete ursprünglich das Retabel des Dreikönigsaltares im Chorumgang des Domes. Neben der Heiligen Familie und den Drei Königen links der kniende Stifter mit dem Apostel Bartholomäus; hockende Putten mit Familienwappen, links von Kemna, rechts von der Recke; hinter den Balustraden: gemalte Szenen mit Engeln und Dienern der Könige.*

*Epitaph des Domdechanten Theodor von Schade, Johann Brabender, um 1540.*

*Das ehemalige Lettner-Kreuz, Johann Brabender, 1542/47 (südliche Turmkapelle).*

*Grüne Samtkasel mit Kölner Borten, 15. Jahrhundert (Domkammer).*

*Statue des hl. Christophorus in der Westvierung, Jan von Bocholt zugeschrieben, 1627.*

*Kapitelsaal mit Wandvertäfelungen von Johann Kuper, voll. 1558. Der nahezu quadratische Raum von etwa 10 x 9 m zeigt eine überaus reiche Vertäfelung: Rund an allen vier Wänden läuft die Vertäfelung mit Sitzbank. Die Vertäfelung ist senkrecht in Felder eingeteilt, deren Breite einem Sitzplatz entspricht. Der paarweisen Zusammenfassung von je zwei Feldern entspricht die gegenseitige Wendung der väterlichen, behelmten Wappenschilde zueinander und der breite, giebelartige, gemeinsame Aufbau über dem oberen Gesims. Die beiden mittleren Hauptfelder zeigen oben das Wappen der väterlichen Familie des betr. Domherren mit adligem Spangenhelm, Helmzier und Schriftband mit dem Namen des Domherren; unten das Wappen der mütterlichen Familie ohne Helm und ohne Namen. Die Tür mit dem krönenden Wappen des Kapitels führt zum Hochchor des Domes.*

*Die astronomische Uhr, 1540/42. Ein Gemeinschaftswerk des Mathematikers und Buchdruckers Dietrich Tzwyvel, des Minoriten und Dompredigers Johannes von Aachen und des Schmiedes Nikolaus Windemaker; ferner des Malers Ludger tom Ring und des Bildhauers Johann Brabender.*

*Statuen der Kirchenväter Papst Gregor d. Gr. und Hieronymus, Bernd Katman, 1602, im südlichen Chorumgang.*

*Statuen der Kirchenväter Ambrosius und Augustinus, Bernd Katman, 1602, im südlichen Chorumgang.*

*Der Laurentius-Altar von Albert Reining, um 1580.*

*Epitaph des Otto von Dorgeloh, Melchior Kribbe, nach 1625.*

*Statue des hl. Ludgerus, oberhalb der Sakramentskapelle, Bernd Katman zugeschrieben, um 1600.*

*Das Bistum Münster verehrt in dem heiligen Ludger seinen Gründerbischof: Er wurde um 744 in Friesland, wahrscheinlich in Zuylen a. d. Vecht geboren; Schüler des hl. Gregor von Utrecht, dessen Vita er später schrieb; anschließend vier Jahre lang bei Alkuin in York, wo er zum Diakon geweiht wurde; Missionsdienst in Friesland, besonders in der Gegend von Deventer, wo er die Missionspredigt des hl. Lebuin fortsetzte. Reise nach Rom und Monte Cassino. Priesterweihe in Köln (7. 7. 777). Bis 784 tätig im friesischen Ostergau, an der Pauluskirche in Dokkum; erlebt die Ermordung des hl. Bonifatius. Pilgerfahrt nach Rom; Aufenthalt in Rom und zwei Jahre in Monte Cassino, ohne dort Mönch zu werden. 787: Begegnung mit König Karl dem Großen in Monte Cassino. Seit 792 Missionsleiter in Westsachsen; Gründung des Bistums Münster im Auftrage Kaiser Karls d. Gr.; 795 Errichtung des Domstiftes Monasterium; weitere Kirchengründungen in Münster, Billerbeck, Coesfeld, Nottuln und um 800 Gründung des Benediktinerklosters Werden an der Ruhr. 30. März 805: Bischofsweihe in Köln. Tod des Bischofs Ludgerus am 26. März 809 während einer Visitationsreise in Billerbeck. Nach seinem Wunsch wird er in der Krypta des von ihm gegründeten Klosters Werden (Essen-Werden) bestattet. – Die Darstellungen zeigen ihn meist in vollem bischöflichen Ornat, in Albe, Kasel, mit Mitra, Bischofsstab, Kirchenmodell, das entweder die Abteikirche Werden oder die Ludgerikirche in Münster darstellt, dazu Wildgänse zu seinen Füßen, da er sein ganzes Missionsgebiet auf wunderbare Weise von diesen befreit habe.*

*Epitaph des Christoph und Wilhelm von Elverfeld, um 1606, Johann Kroß zugeschrieben.*

*Epitaph des Johann von Hüchterbrock, Gerhard Gröninger zugeschrieben, nach 1615.*

*Epitaph des Bernhard von Westerholt, Gerhard Gröninger zugeschrieben. 1610/11.*

*Epitaph des Engelbert von Beverförde, wohl Johann Mauritz Gröninger, nach 1690.*

Statue des hl. Kaiser Karls d. Gr., 1604,
Ostvierung.

Statue des hl. Kaiser Heinrichs II., 1604,
Ostvierung.

*Der Stephanus-Altar von Gerhard Gröninger, um 1630, im Ostquerschiff (s. S. 60).*

*Ecce homo und Martyrium des hl. Stephanus, Teilansichten des Stephanus-Altars von Gerhard Gröninger, um 1630 (s. S. 59).*

Flügel des Hochaltars von 1619/22. Links oben: Sturz Pauli vor Damaskus; rechts oben: Enthauptung Pauli in Rom; rechts unten: Haupt des hl. Paulus nach der Hinrichtung, Teilansicht des rechten Flügels, von Gerhard Gröninger, im Westchor des Domes.

*Der Blasius-Altar, Gerhard Gröninger zugeschrieben, 1618/1643. Der sog. Blasius-Altar zeigt den Typus eines »Altar-Epitaphes«, in dem der Altaraufsatz mit christologischen Szenen und das Mal zum Gedächtnis des verstorbenen Stifters (Domkapitular Theodor von Plettenberg) zu Füßen des auferstandenen Christus kunstvoll zusammengefügt ist. Die Szenen dieses Bildepitaphes reichen von der Menschwerdung Christi bis zu seiner Auferstehung, einschließlich Höllenfahrt und Thomaswunder. Die Mitte ist durch die Marienklage ausgezeichnet, flankiert durch die Nischenfiguren der Heiligen Apostel Paulus (links) und Bischof Blasius (rechts). Der betend liegende Stifter ist von den Tugendgestalten Glaube und Hoffnung umgeben. Die dritte theologische Tugend, die Liebe, ist eigentlich durch das Vesperbild symbolisch verkörpert.*

*Grabmal des Fürstbischofs Friedrich Christian von Plettenberg, Johann Mauritz Gröninger, 1706, ursprünglich im Hochchor, heute im Nordflügel des Ostquerschiffes.*

*Grabplatte des Fürstbischofs Johann von Hoya, Bronzeguß, wohl von Stephan Grevius, Paderborn, nach 1574.*

*Grabplatte des Schatzmeisters Matthias von Korff-Schmising, gest. 1648.*

*Epitaph des Johann Wilhelm von Büren, Johann Wilhelm Kocks zugeschrieben, nach 1680.*

*Heilige Agnes, vor 1520, Geschenk des Domherren Rudolph von Langen (Domkammer).*

*Statue des hl. Mauritius, 1613, Gerhard Gröninger zugeschrieben; Stiftung des Domherren Heinrich von Galen*

*Bronzetür der Sakramentskapelle mit den drei theologischen Tugenden Glaube, Hoffnung, Liebe; Johann Mauritz Gröninger zugeschrieben, vor 1697.*

*Die Statuen des heiligen Joseph mit dem Jesuskind (erste Schritte) und der Muttergottes mit dem Jesuskind (Kreuzigungsvision), Johann Mauritz Gröninger, 1675, im Hochchor des Domes.*

*Grabmal des Fürstbischofs Christoph Bernhard von Galen, Johann Mauritz Gröninger, 1674/78, in der Josephskapelle des Domes.*

*Rote Brokatkasel, vor 1730 (Domkammer).*

*Die Statuen der Heiligen Apollonia und Barbara von Johann Wilhelm Gröninger, vor 1727, im Westquerschiff des Domes.*

*Epitaph des Dompropstes Ferdinand von Plettenberg, gest. 1712, Johann Wilhelm Gröninger, nach einem Entwurf von Gottfried Laurenz Pictorius.*

*Kreuzaufrichtung, Alabasterrelief von Johann Mauritz Gröninger, 1702/06, Teilansicht (Domkammer). Das Relief mit der Aufrichtung des Kreuzes Christi bildete die Mitte der linken, inneren Chorschrankenwand, hinter dem ehemaligen Lettner, zwischen den Reliefs »Pauluswunder auf der Insel Malta« und »Marter der Brüder Ewaldi«. Auf der gegenüberliegenden Südseite des Chorraumes stand das Relief mit der Kreuzabnahme zwischen den Reliefs mit den Szenen »Kaiser Karls d. Gr. Sieg über Widukind« und »Totenerweckung durch den hl. Ludgerus«. Das Bildprogramm der Chorschrankenreliefs veranschaulichte so den Erlösungstod Christi, eingebettet in die Szenenfolge aus dem Leben der vier Marschälle des Domes, der Hauptheiligen und geistiger Gründer der Bischofsstadt.*

*Kreuzabnahme, Alabasterrelief von Johann Mauritz Gröninger, 1702/06 (Domkammer). Der Auftraggeber der barocken Hochchorausschmückung war Fürstbischof Christian von Plettenberg (1688–1706). Seine Sorge galt vornehmlich der Ausbildung der Geistlichen wie der feierlichen Gestaltung des Gottesdienstes, namentlich in der Osterliturgie. Die Ausstattung des Hochchores mit den sechs Alabasterreliefs wurde am 2. Januar 1702 in Auftrag gegeben. Über den Fortlauf der Arbeiten unterrichten mehrere Protokolle des Domkapitels bis 21. November 1705. Im letzten Protokoll wird der Abschluß der Arbeiten für den Sommer 1706 vermerkt. Rechnungen bezeugen die Tätigkeit des Bildhauers Johann Mauritz Gröninger.*

*Muttergottes, Franz Matthias Hiernle, 1723.*

*Das Silberkreuz von Jürgen Richel, Hamburg, 1680; Stiftung des Fürstbischofs Ferdinand II. von Fürstenberg.*

*Goldene Kasel, Mitte des 18. Jahrhunderts (Domkammer).*

*Weiße Perlenkasel, 2. Hälfte des 18. Jahrhunderts (Domkammer).*

*Kardinal Clemens August von Galen,*
*Bronze von Edwin Scharff, 1951, in der Ludgerus-Kapelle.*

# Zeittafel zur Geschichte des Domes

792 Erste Missionsreise Liudgers ins Münsterland im Auftrage Kaiser Karls des Großen.

805–809 Bischof Liudger. 30. März 805: Bischofsweihe Liudgers. Gründung des Bistums Münster. Errichtung eines Konvents nach der Regel des hl. Bischofs Chrodegang von Metz. Erster Dombau: ein kleiner dreischiffiger, dem heiligen Paulus geweihter Steinbau (Bau I). 809: Tod Liudgers, des ersten Bischofs von Münster.

809–921 Nachfolger Liudgers im Münsterer Bischofsamt: Gerfrid (erwähnt 816, 839); Altfrid (erwähnt 841, 8–9); Liudbert (erwähnt 852, 870); Hodolph (erwähnt 870); Wolfhelm (erwähnt 887, 895).

921 Unter Bischof Nithard erobern die Herren von Meinhövel die Stadt Münster und verwüsten den karolingischen Dom.

927–967 Die Bischöfe Rumold (erwähnt 927, 932) und Hildebold (erwähnt 947, 967) auf dem Münsterer Bischofsthron. Wiederherstellung und Ausschmückung des Domes.

972/993 Ausbau des Bistums Münster unter Bischof Dodo.

993–1011 Bischof Suitger, als Heiliger verehrt.

1011–1084 Nachfolger des heiligen Liudgers im 11. Jahrhundert: Bischof Dietrich I. (1011–1022); Bischof Sigfrid, Graf von Walbeck (1022–1032); Bischof Hermann I. (1032–1042); Bischof Robert (1042–1063); Bischof Friedrich I., Graf von Wettin (1064–1084).

1071 Brand des karolingischen Domes (Bau I).

1071–1090 Bau eines neuen Domes (Bau II) südlich des karolingischen Dombaus.

1085–1097 Bischof Erpho. Am 2. November 1090 Weihe des frühromanischen Domes (Bau II) durch Bischof Erpho unter Mitwirkung des Erzbischofs Hermann III. von Hochstaden und des Bischofs Heinrich von Lüttich.

1098–1118 Bischof Burchard von Holte. Befestigung der Domimmunität, Errichtung eines Mauerwerkes mit Toren und Kapellen.

1118–1127 Bischof Dietrich II., Graf von Winzenburg. 7. Mai 1121: Zerstörung des neuen Domes (Bau II) durch einen Großbrand bei der Erstürmung der Domburg durch Lothar von Sachsen.

1127–1132 Bischof Egbert. Wiederherstellungsarbeiten, erneute Bautätigkeit, neue Farbverglasungen.

1132–1151 Bischof Werner, Freiherr von Steußlingen.

1152–1168 Bischof Friedrich II., Graf von Ahr. Baubeginn des Westwerks des spätromanischen Domes um 1160 (Bau III).
1162 Erwerb der Gebeine der heiligen Märtyrer Viktorinus und Florianus in Mailand.

1169–1173 Bischof Ludwig I. von Wippra.

1173–1203 Fürstbischof Hermann II., Graf von Katzenelnbogen. 1175–1202 Vollendung des Westwerks des heutigen Domes (Bau III).
5. Juli 1197 Neuer Stadtbrand, partielle Zerstörungen des frühromanischen Domes. 1202: Weihe des Westbaus.

1203–1218 Fürstbischof Otto I., Graf von Oldenburg.

1218–1226 Fürstbischof Dietrich III., Graf von Isenburg. 22. Juli 1225 Grundsteinlegung für den spätromanischen (heutigen) Dom.

1226–1247 Fürstbischof Ludolf von Holte. 1230/40 Entstehung der westlichen Teile des neuen Domes, bis zum Ostquerschiff; Skulpturenschmuck des Westquerschiffes und der Paradiesvorhalle.

1247–1259 Fürstbischof Otto II., Graf von der Lippe.

1259–1260 Fürstbischof Wilhelm I. von Holte.

1261–1272 Fürstbischof Gerhard, Graf von der Mark. 30. Septembe 1264: Weihe des heutigen Domes (Bau III).

1275–1301 Fürstbischof Bernhard I. von Diest.

1301–1308 Fürstbischof Otto III., Graf von Rietberg.

1310–1357 Fürstbischof Ludwig II., Landgraf von Hessen. Ausschmückung des ehemaligen gotischen Hochaltars mit silbernen Reliquienstatuen um 1330/40.

1357–1363 Fürstbischof Adolf, Graf von der Mark.

1363–1364 Fürstbischof Johann I., Graf von Virneburg.

1364–1378 Fürstbischof Florenz von Wevelinghoven. Nach 1377: Abbruch des karolingischen Domes (Bau I) an der Stelle des heutigen Kreuzganges.

1379–1381 Fürstbischof Johann II., Potho von Pothenstein.

1381–1392 Fürstbischof Heinrich I. Wolf von Lüdinghausen. Um 1390: Errichtung der Marienkapelle an der Nord-Ostecke des Kreuzganges.

1392–1424 Fürstbischof Otto IV., Graf von Hoya. 1390/95 Errichtung des spätgotischen (heutigen) Kreuzganges.

1424–1508 Nachfolger des heiligen Liudgers im 15. Jahrhundert: Fürstbischof Heinrich II., Graf von Moers (1424–1450); Fürstbischof Walram, Graf von Moers (1450–1456); Fürstbischof Johann III., Pfalzgraf von Simmern-Zweibrücken (1457–1465); Fürstbischof Heinrich III., Graf von Schwarzburg (1466–1496); Fürstbischof Konrad, Graf von Rietberg (1497–1508).

1508–1522 Fürstbischof Erich I., Herzog von Sachsen-Lauenburg. 1512: Umfangreiche Modernisierungen, neue Maßwerkfenster für die Seitenschiffwände und am Südgiebel des Ostquerschiffes (Salvatorgiebel). 1516–1522: Neugestaltung der Westfassade, Erweiterung und Erhöhung der Paradiesvorhalle, Errichtung der Dombibliothek.

1522–1532 Fürstbischof Friedrich III., Graf von Wied. 7. September 1527: Brand des Paradieses, Zerstörung der Bestände der Dombibliothek.

1532 Fürstbischof Erich II., Herzog von Braunschweig-Grubenhagen.

1532–1553 Fürstbischof Franz, Graf von Waldeck. 1534/35 Verwüstung des Domes durch die Wiedertäufer. Ab 1536 umfangreiche Wiederherstellungsarbeiten. Um 1536 Sakramentshaus und Repositorium der heiligen Öle; Statue des hl. Paulus am Mittelpfeiler des Paradiesportals von Johann Brabender. 1539 Entstehung der 1. Chorkapelle am Ostchor als Vikariensakristei; neues Chorgestühl für den Hochchor (heute im Westwerk untergebracht); 1540/42 Entstehung der astronomischen Domuhr; 1542/47 Errichtung des neuen Domlettners von Johann Brabender.

1553–1557 Fürstbischof Wilhelm II. von Ketteler. Neueinrichtung bzw. Vertäfelung des Kapitelsaales von Johann Kuper (voll. 1558).

1557–1566 Fürstbischof Bernhard II. von Raesfeld. 1565: Skulpturenschmuck für den Salvatorgiebel von Johann Reining.

1566–1574 Fürstbischof Johann IV., Graf von Hoya.

1574–1585 Fürstbischof Johann Wilhelm, Herzog von Cleve–Jülich–Berg.

1585–1612 Fürstbischof Ernst, Herzog von Bayern. Mehrere Skulpturen im Auftrage der Mitglieder des Domkapitels, z. B. die Statuen der vier großen lateinischen Kirchenväter im Bereich der Domuhr, Neugestaltung des Nordportals des Ostquerschiffes von Johann Kroeß.

1612–1650 Fürstbischof Ferdinand I., Herzog von Bayern. 1622: Vollendung des neuen Hochaltares von Gerhard Gröninger. 1624: Errichtung des Dorgeloh-Epitaphes von Melchior Kribbe. Um 1625: Entstehung des Stephanus-Altars (Lethmathe-Epitaph) im Ostquerschiff von Gerhard Gröninger, 1627: Monumentalstatue des hl. Christophorus von Jan von Bocholt.

1650–1678 Fürstbischof Christoph Bernhard von Galen. 1663/64: Errichtung der Galenschen Kapellen, geweiht den Heiligen Maximus, Ludgerus und Joseph. 1675: Statuen der Heiligen Maria und Joseph für den Hochchor von Johann Mauritz Gröninger. 1678: Grabmal des Fürstbischofs Christoph Bernhard von Galen ebenfalls v. J. M. Gröninger.

1678–1683 Fürstbischof Ferdinand II., Reichsfreiherr von Fürstenberg.

1683–1688 Fürstbischof Maximilian Heinrich, Herzog von Bayern.

1688–1706 Fürstbischof Friedrich Christian, Freiherr von Plettenberg. 1697: Errichtung der heutigen Sakramentskapelle (ursprünglich als Domsakristei). 1699/1705: Vollendung der barocken Neugestaltung des Hochchores mit sechs monumentalen Alabasterreliefs von Johann Mauritz Gröninger (heute in der Domkammer untergebracht). 1706: Grabmal des Fürstbischofs Friedrich Christian von Plettenberg von Johann Mauritz und Johann Wilhelm Gröninger.

1707–1718 Fürstbischof Franz Arnold, Freiherr von Wolff-Metternich zur Gracht. Um 1710: Statuen der Heiligen Apollonia und Barbara von Johann Wilhelm Gröninger. 1712: Grabmal für Ferdinand von Plettenberg im Ostquerschiff von Johann Wilhelm Gröninger.

1719–1761 Fürstbischof Clemens August, Herzog von Bayern. Um 1727: Anlage des barocken Vorhofes vor dem Westportal von Johann Christoph Manskirch. Fresken des Giovanni Murari aus Verona im Westwerk (Gewölbemalereien). Um 1750: Errichtung der ‚Roten Mauer' an der Südseite des Domes zwischen den beiden Querschiffen nach den Entwürfen von Johann Conrad Schlaun (letzte Phase der Dom-Barockisierung).

1762–1784 Fürstbischof Maximilian Friedrich, Graf von Königsegg-Rothenfels.

1784–1801 Fürstbischof Max Franz, Erzherzog von Österreich.

1821–1825 Fürstbischof Ferdinand, Freiherr von Lüninck.

1825–1846 Fürstbischof Kaspar Max, Freiherr Droste zu Vischering.

1847 Bischof Bernhard Georg Kellermann.

1847–1870 Bischof Johann Georg Müller. 1850/70: Umfassende Wiederherstellungsarbeiten. 1853/1858: Arbeiten des Bildhauers Wilhelm Achtermann für den Dom.

1870–1889 Bischof Johann Bernhard Brinkmann.

1889–1911 Bischof Hermann Dingelstadt.

1911–1912 Bischof Felix von Hartmann.

1913–1933 Bischof Johannes Poggenburg.

1933–1946 Bischof Clemens August von Galen. 1941/45 Weitgehende Zerstörung des Domes und seiner Kunstschätze während der Bombardierungen der Stadt.

1947–1961 Bischof Michael Keller.
1947–1956 Wiederaufbau des Domes; Neugestaltung des ehemaligen Hochchores; neuer Hochaltar in der Ostvierung; neue Grablege für die Bischöfe im ‚Westwerk'. 1951: Bildnisbüste des Kardinals Clemens August von Galen vom Bildhauer Edwin Scharff (Ludgeri-Kapelle). 14. Oktober 1956: Weihe des wiederaufgebauten Domes.

1961–1968 Bischof Joseph Höffner.

1969–1979 Bischof Heinrich Tenhumberg.
1979/80 Planung und Baubeginn der neuen Domkammer.

1980– Bischof Reinhard Lettmann. 1980/81 Renovierung des Kreuzganges. 11. Oktober 1981: Weihe der neuen Domkammer und des neuerrichteten Offizialates am Nordflügel des Kreuzganges zum 25. Weihejubiläum des wiederaufgebauten Domes.